QT START

큐티 스타트

큐티가 쉬워집니다

생명의 양식
THE BREAD OF LIFE

큐티 스타트

초판인쇄 2017년 1월 16일
초판 3쇄 2019년 6월 4일

지 은 이 총회교육원
발 행 처 도서출판 생명의 양식
디 자 인 김희년, 이은주
일러스트 박온유
등록번호 제22-1443호(1998년 11월 3일)
주 소 06593 서울시 서초구 고무래로 10-5
전 화 02)533-2182
팩 스 02)533-2185
홈페이지 www.edpck.org

ISBN 978-89-88618-93-6 (03230)
가 격 2,000원

QT START

큐티 스타트

큐티가 쉬워집니다

생명의 양식
THE BREAD OF LIFE

이렇게 활용하세요.

≪큐티 스타트≫는 지난 20여 년 동안 〈복있는 사람〉을 발간하고, 큐티를 가르쳐 온 총회교육원 연구원들의 고민한 흔적이 모인 교재입니다. 어떻게 하면, 성도들이 큐티를 어려워 하지 않고, 꾸준하게 지속적으로 할 수 있을까라는 고민의 결과물입니다.

≪큐티 스타트≫는 4주간에 걸쳐서 큐티에 대한 전반적인 내용을 다루도록 구성되었습니다. 그 구성은 다음과 같습니다.

큐티 스타트, 이렇게 활용하세요

≪큐티 스타트≫는 1주에 한 번씩, 한 달이면 모든 내용을 다룰 수 있습니다. 이렇게 구성한 까닭은 부담 없이 큐티에 대해 배우고, 실제로 큐티까지 이어질 수 있도록 하기 위함입니다.

≪큐티 스타트≫를 통해 큐티에 대해 알고, 지속적으로 큐티하는 성도, 교회가 늘어가기를 소망합니다.

QT START

큐티 알기

1. 큐티 알기
2. 큐티 한눈에 보기
3. 큐티 준비하기

1. 큐티 알기

1) 큐티란 무엇인가?

- 큐티는 영어 Quiet Time의 약자
- '조용한 시간'이라는 뜻
- 말씀을 통해 하나님을 만나는 시간
- 기도 + 말씀 묵상 + 실천과 나눔

큐티는 그리스도인들이, 매일, 정한 때에 하나님의 말씀을 묵상하며 하나님과 인격적으로 교제하는 시간을 뜻합니다.

- 누구의 뜻을 이루기 위해 큐티를 하나요?

_______________ 아닌 _______________

2) 큐티의 시작

큐티는 1882년 케임브리지 7인이라고 불리는 영국 케임브리지 대학교의 후퍼(Hooper)와 도르톤(Thorton) 등의 소위 몇몇 학생들이 시작했던 경건 훈련 운동이었습니다. 이들은 하나님의 말씀으로 무장하고 거룩한 삶을 살기 위한 하나의 방법으로 "하루 중의 일부 시간을 구별하여 성경을 읽고 기도하는 것"을 생각해냈고, 이를 "경건의 시간(Quiet Time)"으로 부르기 시작했습니다. 이후 이들은 다른 그리스도인들 또한 경건의 시간을 가질 수 있도록 신앙 운동으로 확산시켜 나갔습니다. 후에 중국 선교사로 헌신했던 케임브리지 학생들에 의해 큐티는 전세계적인 경건 운동이 되었습니다.

- 큐티를 처음 시작한 사람들이 경건의 시간을 가졌던 목적은 무엇이었나요?

- 나는 이 목적대로 살고자 하는 마음이 있나요?

- 나는 이 목적을 이루기 위해 얼마나 말씀 앞으로 가까이 나아가나요?

3) 큐티의 유익

① 하나님과 ______ 를 누릴 수 있습니다.

우리가 보고 들은 바를 너희에게도 전함은 너희로 우리와 사귐이 있게 하려 함이니 우리의 사귐은 아버지와 그의 아들 예수 그리스도와 더불어 누림이라 (요일 1:3)

② ______ 을 공급 받을 수 있습니다.

이스라엘 족속이 그 이름을 만나라 하였으며 깟씨 같이 희고 맛은 꿀 섞은 과자 같았더라 (출 16:31)

예수께서 대답하여 이르시되 기록되었으되 사람이 떡으로만 살 것이 아니요 하나님의 입으로부터 나오는 모든 말씀으로 살 것이라 하였느니라 하시니 (마 4:4)

③ ______ 을 분별할 수 있는 힘을 갖게 됩니다.

너희는 이 세대를 본받지 말고 오직 마음을 새롭게 함으로 변화를 받아 하나님의 선하시고 기뻐하시고 온전하신 뜻이 무엇인지 분별하도록 하라 (롬 12:2)

④ 하나님의 ______ 를 받습니다.

주의 말씀은 내 발의 등이요 내 길에 빛이니이다 (시 119:105)

MEMO

1. 큐티 한 눈에 보기

1) 큐티, 나무로 생각해보기

좋은 나무는 어떤 나무일까요? 열매를 많이 맺는 나무? 뿌리가 튼튼한 나무? 늘 푸르고 건강한 나무? 다 맞는 말입니다. 시편의 표현을 빌리면, 철을 따라 열매를 맺으며, 그 잎사귀가 마르지 않는 나무입니다(시 1:1).

나무에 큐티를 비교해보면 어떨까요?

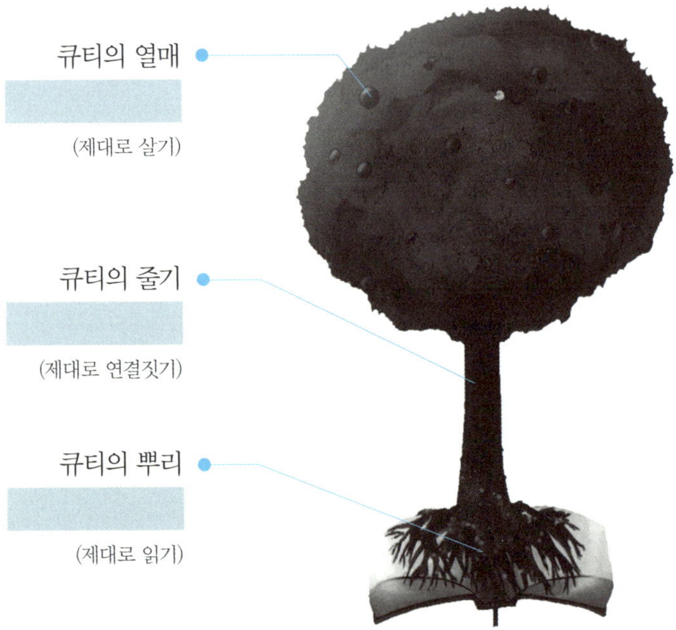

2) 묵상과 명상의 차이

• 묵상이 명상과 다른 점은 무엇이라고 생각하나요?

명상은 인간의 죄악된 모습을 내면적으로 살피고 인간의 내면이 깨끗한 영인 하나님과 연합하려는 목적을 가지고 있습니다. 철저하게 자기에게 초점을 맞추고, 또 자기를 비우는 데 힘을 쏟는 행위가 명상입니다. 반면 묵상은 자신의 내면으로 빠져들어 가는 것이 아니라, '하나님의 말씀'으로 초점을 옮기는 행위입니다. (유해무, 《코람데오》, 108-109.)

• 묵상을 위한 가장 중요한 준비는 무엇인가요?

__________ + __________

① 묵상은 나의 내면에서 시작하는 것이 아니기 때문에, 묵상의 근거가 되는 하나님의 말씀인 성경이 필요합니다.

② 하나님이 주신 말씀은 성령의 감동으로 되었습니다. 그래서 성령께서 하나님의 말씀을 깨닫도록 도와주셔야 합니다. 그래서 기도해야 합니다.

• 묵상의 결과는 어떠해야 할까요?

하나님의 말씀은 그냥 머리속에만 두는 것이 아니라 나의 삶을 관통해야 합니다. 그래서 실천으로 나아가야 합니다. 그래서 말씀을 묵상하면 반드시 삶의 변화 혹은 삶의 실천이 있게 마련입니다. 이것을 큐티에서는 '적용'이라고 합니다.

3. 큐티 준비하기

만남에는 준비가 필요합니다. 가령, 만나기 어려운 사람을 만나려면 시간 약속을 해야 하고, 만나서 무엇을 할지 계획을 세워야 합니다. 하나님과의 소중한 만남인 큐티를 하기 위해서도 준비가 필요합니다.

- 큐티를 위해 어떤 준비가 필요할까요?

  ① 마음의 준비: 마음의 작정

  ② 시간 약속: 조용한 시간

  ③ 장소 약속: 조용한 장소

  ④ 만남을 도와주는 책: 말씀과 더불어 사는 복있는 하루 〈복있는 사람〉

4. 큐티 서약하기

경건의 시간(큐티) 서약서

나는 지금부터 하나님의 말씀을 묵상하여 하나님의 뜻대로 살기를 다짐합니다.
이에 아래의 약속한 시간과 장소에서 매일 말씀을 묵상하기를 서약합니다.

시간 :　　　　　　　　장소 :

년　　월　　일

이름 :　　　　　　　　(서명)

QT START

큐티의 뿌리

관찰하기

1. 묵상의 전체 순서
2. 마음열기
3. 관찰이란 무엇인가?
4. 관찰 연습

1. 묵상의 전체 순서

1) 큐티를 통한 묵상의 구조 알기

종교개혁자 마틴 루터가 성경을 읽었던 방법은 오늘도 우리에게 많은 도전을 줍니다. 그가 제시했던 성경 읽기 방법은 크게 세 단계로 나뉩니다.

"**기도하라**(Oratio), **묵상하라**(Meditatio), **시도하라**(Tentatio)"

큐티도 루터가 제시한 성경읽기 순서를 통해서 이해할 수 있습니다.

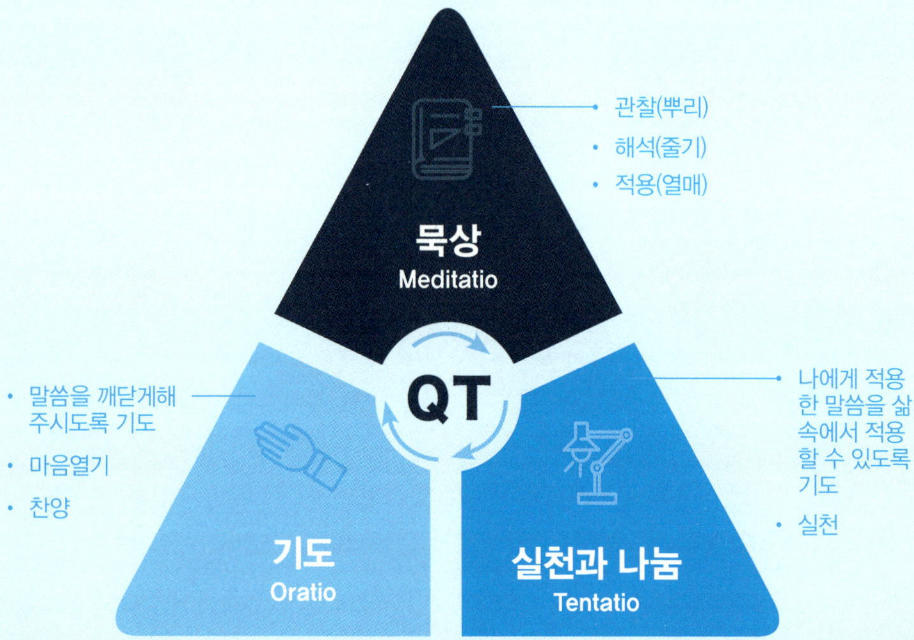

2. 마음 열기

• 묵상을 위한 준비

누군가를 만날 때도 준비가 필요하듯이, 하나님과의 소중한 만남인 큐티를 하기 위해서도 준비가 필요합니다.

① 기도(마음 열기) : 이렇게 기도합니다.

"오늘 주시는 말씀을 기대합니다!
하나님, 말씀해 주시고 깨닫게 해 주세요!"

② 찬양 : 은혜로운 말씀을 듣기 전에 찬양으로 준비합니다.

3. 관찰이란 무엇인가?

1) 관찰이란?

- 큐티의 핵심은 성경의 내용을 잘 ＿＿＿ 하는 데 달려 있습니다.
- 성경 본문이 전달하고자 하는 ＿＿＿ (main theme)를 잘 파악하고, 사실 관계를 찾아내는 활동입니다.
- 정확한 관찰 없이는 제대로 된 ＿＿＿ 이 이루어질 수 없습니다.

하나님의 말씀이 오늘 우리에게 바로 적용할 수 있는 말씀이 아니라 최소 2천 년 전의 독자들에게 먼저 주어졌다는 것을 기억하고 관찰합니다.

2) 관찰의 방법(세 번 이상 읽기)

① 첫 번째 읽기 (내용을 파악하며 읽기)

- 소리 내어 ______ 읽습니다.
- ______, ______, ______ 등에 표하면서 읽습니다.
- 의미를 파악하기 쉽도록 ______ 읽습니다.
- ______ (주어, 목적어, 서술어)를 고려하며 읽습니다.

② 두 번째 읽기 (전체를 보며 읽기)

- ______ 을 파악하며 읽습니다.
- ______ 을 구분하고, 각 단락의 ______ 을 파악하며 읽습니다.
(복있는 사람 구분을 참조)
- 처음 표시된 것을 토대로 ______ 을 찾으면서 읽습니다.
(첫 번째 독자들에게 말하려던 핵심 내용을 파악함)

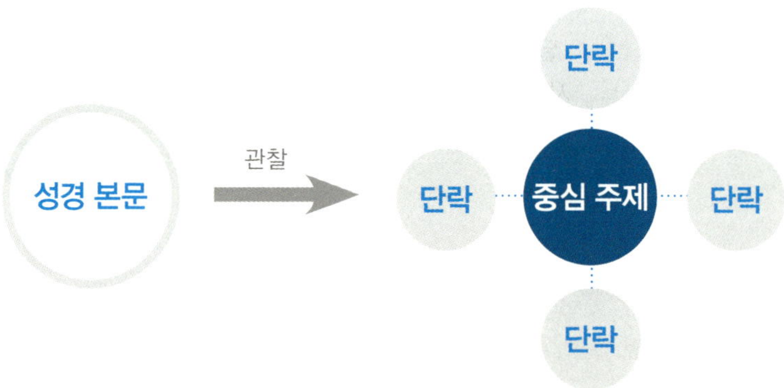

③ 세 번째 읽기 (질문하며 읽기)

〈복있는 사람〉 본문 옆의 두 가지 질문을 읽고 난 후, 답을 찾으며 읽습니다.

차지하게 하리라 7 오직 강하고 극히 담대하여 나의 종 모세가 네
게 명령한 그 율법을 다 지켜 행하고 우로나 좌로나 치우치지 말
라 그리하면 어디로 가든지 형통하리니 8 이 율법책을 네 입에서
떠나지 말게 하며 주야로 그것을 묵상하여 그 안에 기록된 대로
다 지켜 행하라 그리하면 네 길이 평탄하게 될 것이며 네가 형통
하리라 9 내가 네게 명령한 것이 아니냐 강하고 담대하라 두려워
하지 말며 놀라지 말라 네가 어디로 가든지 네 하나님 여호와가
너와 함께 하느니라 하시니라 10 이에 여호수아가 그 백성의 관리
들에게 명령하여 이르되 11 진중에 두루 다니며 그 백성에게 명
령하여 이르기를 양식을 준비하라 사흘 안에 너희가 이 요단을
건너 너희의 하나님 여호와께서 너희에게 주사 차지하게 하시는
땅을 차지하기 위하여 들어갈 것임이니라 하라

위기에 빠진 이스라엘 백성을 위해 하나님은 무엇을 하십니까? (16)

하나님이 명령하실 때마다 반드시 주시는 것은 무엇입니까? (7-9)

여호와의 종(1) 신명기 마지막에서도 모세를 이렇게 소개한다(신 34:5.) 여호수아 역시 여호와의 뜻을 이룬 삶을 마치는 순간에 여호와의 종으로 불린다(수 24:29; 삿 2:28).

→ **두 질문을 참고하세요**

성경의 내용을 제대로 파악하지 않고 묵상을 해서는 안 된다. 끌리는 단어나 구절만 붙잡아서는 안 된다. 묵상이 말씀의 중심이 되어야지, 자신의 감정이 중심이 되어서는 안 된다. 하나님이 이 말씀을 통해서 나에게 깨닫게 하시려는 내용이 무엇인지 아는 것이 중요하다. 하나님 중심으로 나를 살펴야지, 내 중심에서 하나님의 마음을 헤아리는 것은 방향이 잘못되었다.

강승모, 『날마다 큐티하는 교회로 만들라』

관찰 연습 1

이제 다시 시작입니다

여호수아 1:1-9

1 여호와의 종 모세가 죽은 후에 여호와께서 모세의 수종자 눈의
아들 여호수아에게 말씀하여 이르시되 2 내 종 모세가 죽었으니
이제 너는 이 모든 백성과 더불어 일어나 이 요단을 건너 내가 그
들 곧 이스라엘 자손에게 주는 그 땅으로 가라 3 내가 모세에게
말한 바와 같이 너희 발바닥으로 밟는 곳은 모두 내가 너희에게
주었노니 4 곧 광야와 이 레바논에서부터 큰 강 곧 유브라데 강까
지 헷 족속의 온 땅과 또 해 지는 쪽 대해까지 너희의 영토가 되리
라 5 네 평생에 너를 능히 대적할 자가 없으리니 내가 모세와 함께
있었던 것 같이 너와 함께 있을 것임이니라 내가 너를 떠나지 아
니하며 버리지 아니하리니 6 강하고 담대하라 너는 내가 그들의
조상에게 맹세하여 그들에게 주리라 한 땅을 이 백성에게 차지하
게 하리라 7 오직 강하고 극히 담대하여 나의 종 모세가 네게 명
령한 그 율법을 다 지켜 행하고 우로나 좌로나 치우치지 말라 그
리하면 어디로 가든지 형통하리니 8 이 율법책을 네 입에서 떠나
지 말게 하며 주야로 그것을 묵상하여 그 안에 기록된 대로 다 지
켜 행하라 그리하면 네 길이 평탄하게 될 것이며 네가 형통하리
라 9 내가 네게 명령한 것이 아니냐 강하고 담대하라 두려워하지
말며 놀라지 말라 네가 어디로 가든지 네 하나님 여호와가 너와
함께 하느니라 하시니라

새찬송가 347장

1 허락하신 새 땅에 들어가려면 맘에 준비 다하여 힘써 일하세
2 시험 환난 당해도 낙심 말고서 맘에 걱정 버리고 힘써 일하세
3 앞서 가신 예수님 바라보면서 모두 맘을 합하여 힘써 일하세
4 일할 곳이 아직도 많이 있으니 담대하게 나가서 힘써 일하세
[후렴] 여호수아 본받아 앞으로 가세 우리 거할 처소는 주님 품일세

위기에 빠진 이스라엘 백성을 위해 하나님은 무엇을 하십니까?(1b)

하나님이 명령하실 때마다 반드시 주시는 것은 무엇입니까?(7-9)

여호와의 종(1) 신명기 마지막에서도 모세를 이렇게 소개한다(신 34:5). 여호수아 역시 여호와의 뜻을 이룬 삶을 마치는 순간에 여호와의 종으로 불린다(수 24:29; 삿 2:8).

관찰하며 세 번 읽기

[첫 번째 읽기] 내용 파악하며 읽기

- 소리 내어 천천히 읽기
- 등장인물, 지명, 반복되는 단어 등에 표하면서 읽기
- 의미를 파악하기 쉽도록 적당히 끊어가며 읽기
- 문장 성분(주어, 목적어, 서술어)를 고려하며 읽기

[두 번째 읽기] 전체를 조망하며 읽기

단락	단락 핵심	내용 요약

전체 핵심 내용

[세 번째 읽기] 질문에 답하며 읽기

- **복있는 사람** 본문 좌측 하단의 두 가지 질문에 답하며 읽기
- 본문을 읽으며 드는 의문에 스스로 답하며 읽기

관찰 연습 2

거짓 율법 교사에 대한 경고

디모데전서 1:3-11

3 내가 마게도냐로 갈 때에 너를 권하여 에베소에 머물라 한 것은
어떤 사람들을 명하여 다른 교훈을 가르치지 말며 4 신화와 끝없
는 족보에 몰두하지 말게 하려 함이라 이런 것은 믿음 안에 있는
하나님의 경륜을 이룸보다 도리어 변론을 내는 것이라 5 이 교훈
의 목적은 청결한 마음과 선한 양심과 거짓이 없는 믿음에서 나
오는 사랑이거늘 6 사람들이 이에서 벗어나 헛된 말에 빠져 7 율
법의 선생이 되려 하나 자기가 말하는 것이나 자기가 확증하는
것도 깨닫지 못하는도다 8 그러나 율법은 사람이 그것을 적법하
게만 쓰면 선한 것임을 우리는 아노라 9 알 것은 이것이니 율법은
옳은 사람을 위하여 세운 것이 아니요 오직 불법한 자와 복종하
지 아니하는 자와 경건하지 아니한 자와 죄인과 거룩하지 아니한
자와 망령된 자와 아버지를 죽이는 자와 어머니를 죽이는 자와
살인하는 자며 10 음행하는 자와 남색하는 자와 인신 매매를 하
는 자와 거짓말하는 자와 거짓맹세하는 자와 기타 바른 교훈을
거스르는 자를 위함이니 11 이 교훈은 내게 맡기신 바 복되신 하
나님의 영광의 복음을 따름이니라

새찬송가 11장

1 홀로 한 분 하나님께 천하만민
경배하라 만국왕을 다스리고 온
세상 만민 기르신다 만국왕을 다
스리고 온 세상 만민 기르신다 2
독생 성자 예수님께 모든 죄인 회
개하라 세상 만민 구원하고 놀라
운 은혜 베푸신다 세상 만민 구원
하고 놀라운 은혜 베푸신다 3 보
혜사 성령님께 모든 삶을 맡기어라
말씀으로 도우시고 죄악을 이길
힘 주신다 말씀으로 도우시고 죄
악을 이길 힘주신다 아멘

하나님의 말씀이 주는 교훈은 무엇인가요? (5)

교훈에서 벗어난 '헛된 말'에 빠진 사람들이 추구하는 것들을 모두 찾아보세요. (3, 4)

신화(4) 허탄한 이야기, 잡담의 의미이다. 족보의 특정 인물을 선택하여 필요 이상의 가 공을 통해 꾸며낸 이야기인 듯하다.

[첫 번째 읽기] 내용 파악하며 읽기

- 편지를 보낸 사람은?
- 편지를 받는 사람은?
- 편지를 주고 는 사람들의 관계와 주변 상황은?

[두 번째 읽기] 전체를 조망하며 읽기

- 편지의 내용은 주로 무엇인가?

[세 번째 읽기] 질문에 답하며 읽기

- **복있는 사람** 본문 좌측 하단의 두 가지 질문에 답하며 읽기
- 본문을 읽으며 드는 의문에 스스로 답하며 읽기

MEMO

QT START

큐티의 줄기

해석하기

1. 해석이란 무엇인가?
2. 해석을 위한 질문
3. 한 문장 쓰기
4. 해석 연습

1. 해석이란 무엇인가?

- 성경 말씀의 핵심 내용이 ________ 알아가는 단계입니다.
- 관찰이 내용을 사실적으로 이해하는 데 집중하는 단계라면, 해석은 성경의 본문이 ________ 를 ________ 하는 단계입니다.

하나님의 말씀이 오늘을 살아가는 우리에게 바로 적용할 수 있는 말씀이 아니라 최소 2천 년 전의 독자와 그 이전의 독자들에게 먼저 주어졌다는 것을 기억해야 합니다.

2. 해석을 위한 질문

(2+1 질문을 통해 "나"에게 주시는 메시지 도출하기)

❶ 하나님과 관련된 질문	삼위 하나님께서 어떤 일을 하셨는가(사역)? 삼위 하나님의 사역을 바탕으로 보면, 성품은 어떠한가?
❷ "나"와 관련된 질문	내가 붙잡아야 할 약속은 무엇인가? 내가 순종해야 할 명령은 무엇인가? 내가 피해야 할 잘못은 무엇인가? 내가 자백해야 할 죄는 무엇인가? 내가 새롭게 발견한 진리는 무엇인가?

3. 한 문장 쓰기

묵상한 말씀을 보다 선명하게 기억하고 적용하기 위해서는 해석한 내용을 한 문장으로 기록하면 좋습니다. [묵상노트]에 기록하는 습관을 가져보세요.

오늘 이 말씀이 나에게 무엇을 말씀합니까? (Being or Doing)

해석 연습 1

이제 다시 시작입니다

여호수아 1:1–9

1 여호와의 종 모세가 죽은 후에 여호와께서 모세의 수종자 눈의
아들 여호수아에게 말씀하여 이르시되 2 내 종 모세가 죽었으니
이제 너는 이 모든 백성과 더불어 일어나 이 요단을 건너 내가 그
들 곧 이스라엘 자손에게 주는 그 땅으로 가라 3 내가 모세에게
말한 바와 같이 너희 발바닥으로 밟는 곳은 모두 내가 너희에게
주었노니 4 곧 광야와 이 레바논에서부터 큰 강 곧 유브라데 강까
지 헷 족속의 온 땅과 또 해 지는 쪽 대해까지 너희의 영토가 되리
라 5 네 평생에 너를 능히 대적할 자가 없으리니 내가 모세와 함께
있었던 것 같이 너와 함께 있을 것임이니라 내가 너를 떠나지 아
니하며 버리지 아니하리니 6 강하고 담대하라 너는 내가 그들의
조상에게 맹세하여 그들에게 주리라 한 땅을 이 백성에게 차지하
게 하리라 7 오직 강하고 극히 담대하여 나의 종 모세가 네게 명
령한 그 율법을 다 지켜 행하고 우로나 좌로나 치우치지 말라 그
리하면 어디로 가든지 형통하리니 8 이 율법책을 네 입에서 떠나
지 말게 하며 주야로 그것을 묵상하여 그 안에 기록된 대로 다 지
켜 행하라 그리하면 네 길이 평탄하게 될 것이며 네가 형통하리
라 9 내가 네게 명령한 것이 아니냐 강하고 담대하라 두려워하지
말며 놀라지 말라 네가 어디로 가든지 네 하나님 여호와가 너와
함께 하느니라 하시니라

새찬송가 347장

1 허락하신 새 땅에 들어가려면 맘에 준비 다하여 힘써 일하세
2 시험 환난 당해도 낙심 말고서 맘에 걱정 버리고 힘써 일하세
3 앞서 가신 예수님 바라보면서 모두 맘을 합하여 힘써 일하세
4 일할 곳이 아직도 많이 있으니 담대하게 나가서 힘써 일하세
[후렴] 여호수아 본받아 앞으로 가세 우리 거할 처소는 주님 품일세

위기에 빠진 이스라엘 백성을 위해 하나님은 무엇을 하십니까?(1b)

하나님이 명령하실 때마다 반드시 주시는 것은 무엇입니까?(7–9)

여호와의 종(1) 신명기 마지막에서도 모세를 이렇게 소개한다(신 34:5). 여호수아 역시 여호와의 뜻을 이룬 삶을 마치는 순간에 여호와의 종으로 불린다(수 24:29; 삿 2:8).

❶ 하나님과 관련된 질문

삼위 하나님께서 어떤 일을 하셨는가(사역)?

삼위 하나님의 사역을 바탕으로 보면, 성품은 어떠한가?

❷ "나"와 관련된 질문

내가 붙잡아야 할 약속은 무엇인가?

내가 순종해야 할 명령은 무엇인가?

내가 피해야 할 잘못은 무엇인가?

내가 자백해야 할 죄는 무엇인가?

내가 새롭게 발견한 진리는 무엇인가?

두 가지 질문 후, 한 가지 질문에 답하며 한 문장 쓰기

오늘 이 말씀이 나에게 무엇을 말씀합니까? (Being or Doing)

해석 연습 2

거짓 율법 교사에 대한 경고

디모데전서 1:3–11

3 내가 마게도냐로 갈 때에 너를 권하여 에베소에 머물라 한 것은
어떤 사람들을 명하여 다른 교훈을 가르치지 말며 4 신화와 끝없
는 족보에 몰두하지 말게 하려 함이라 이런 것은 믿음 안에 있는
하나님의 경륜을 이룸보다 도리어 변론을 내는 것이라 5 이 교훈
의 목적은 청결한 마음과 선한 양심과 거짓이 없는 믿음에서 나
오는 사랑이거늘 6 사람들이 이에서 벗어나 헛된 말에 빠져 7 율
법의 선생이 되려 하나 자기가 말하는 것이나 자기가 확증하는
것도 깨닫지 못하는도다 8 그러나 율법은 사람이 그것을 적법하
게만 쓰면 선한 것임을 우리는 아노라 9 알 것은 이것이니 율법은
옳은 사람을 위하여 세운 것이 아니요 오직 불법한 자와 복종하
지 아니하는 자와 경건하지 아니한 자와 죄인과 거룩하지 아니한
자와 망령된 자와 아버지를 죽이는 자와 어머니를 죽이는 자와
살인하는 자며 10 음행하는 자와 남색하는 자와 인신 매매를 하
는 자와 거짓말하는 자와 거짓맹세하는 자와 기타 바른 교훈을
거스르는 자를 위함이니 11 이 교훈은 내게 맡기신 바 복되신 하
나님의 영광의 복음을 따름이니라

새찬송가 11장

1 홀로 한 분 하나님께 천하만민 경배하라 만국왕을 다스리고 온 세상 만민 기르신다 만국왕을 다스리고 온 세상 만민 기르신다 2 독생 성자 예수님께 모든 죄인 회개하라 세상 만민 구원하고 놀라운 은혜 베푸신다 세상 만민 구원하고 놀라운 은혜 베푸신다 3 보혜사 성령님께 모든 삶을 맡기어라 말씀으로 도우시고 죄악을 이길 힘 주신다 말씀으로 도우시고 죄악을 이길 힘주신다 아멘

하나님의 말씀이 주는 교훈은 무엇인가요? (5)

교훈에서 벗어난 '헛된 말'에 빠진 사람들이 추구하는 것들을 모두 찾아보세요. (3, 4)

신화(4) 허탄한 이야기, 잡담의 의미이다. 족보의 특정 인물을 선택하여 필요 이상의 가 공을 통해 꾸며낸 이야기인 듯하다.

❶ 하나님과 관련된 질문

삼위 하나님께서 어떤 일을 하셨는가(사역)?

삼위 하나님의 사역을 바탕으로 보면, 성품은 어떠한가?

❷ "나"와 관련된 질문

내가 붙잡아야 할 약속은 무엇인가?

내가 순종해야 할 명령은 무엇인가?

내가 피해야 할 잘못은 무엇인가?

내가 자백해야 할 죄는 무엇인가?

내가 새롭게 발견한 진리는 무엇인가?

두 가지 질문 후, 한 가지 질문에 답하며 한 문장 쓰기

오늘 이 말씀이 나에게 무엇을 말씀합니까? (Being or Doing)

지극히 작은 자 하나에게

마태복음 25:31-46

왕으로 다시 오실 주님의 말씀(45절)에 의하면, 그 기준은 바로 '지극히 작은 자 하나를 돌보았는가?'입니다. "지극히 작은 자 하나에게 한 것이 곧 주님께 한 것"이고, "지극히 작은 자 하나에게 하지 않은 것이 곧 주님께 하지 않은 것"이라는 명쾌한 말씀입니다. 저는 이 대목을 묵상하며 제 안에 만연해 있는 거대한 왜곡이 떠올라 가슴을 쳤습니다. 그것은 바로 종교로 전락해버린 예수님의 가르침, 박제화 되어버린 기독교의 정신입니다. '종교행위'를 '하나님 사랑'으로 착각하고 사는 저 자신의 모습을 이따금씩 마주하는 것이지요. '교회 봉사'를 곧 신앙의 깊이로, '새벽 기도 개근 여부'를 믿음의 척도로, '하루 동안 읽은 성경 장 수'를 구원받을 자의 표징으로 착각하는 모습 말입니다.

그러나 이 모든 것은 제자도의 껍데기에 불과함을 본문은 가르쳐 줍니다. 예수님께서 가장 큰 계명에 대해 말씀하시면서 '하나님 사랑'과 '이웃 사랑'을 함께 언급하신 것은, 눈에 보이지 않는 하나님을 사랑하는 방법이 바로 우리 눈앞에 있는 저 이웃을 사랑하는 것이기 때문입니다. 특히 사회적으로 고립되고 소외된 자들, 고아와 과부들을 돌보는 것 말입니다.

오늘 주님의 말씀, 양과 염소의 비유는 하나님나라가 얼마나 구체적이고 실제적인지를 다시금 깨닫게 해줍니다. 그것은 하나님께서 가난하고 배고픈 자들과 함께 계시며, 백성인 우리로 하여금 그들에게 복음을 전하기를 기다리고 계신다는 것입니다. 지극히 가난한 자 하나를 사랑하는 사람이 되어보기로 굳게 다짐합니다.

정우조

QT START

큐티의 열매와 나눔

적용하기

1. 적용이란 무엇인가?
2. 적용의 실제
3. 적용을 위한 두 가지 질문
4. 적용 연습
5. 실천과 나눔

1. 적용이란 무엇인가?

1) 적용이란

- 말씀을 "나"의 처지와 형편에 맞도록 ________ 단계입니다.
- 해석이 성경 말씀을 원리화하여 나에게 의미하는 바를 깨닫는 단계라고 하면, 적용은 이를 나의 삶에 ____ 하기 위해 고민하는 단계입니다.

2) 적용의 3대 원칙

개인적	실천적	구체적
"나"에게 집중	실제 삶에 적용	오늘 할 수 있어야

2. 적용의 실제

적용의 원칙과 범위

구체적

- ✔ 나의 가정
- ✔ 나의 교회
- ✔ 나의 직장
- ✔ 조국
- ✔ 내가 도울 수 있는 이웃(선교사)
- ✔ 내가 오늘 만나는 사람 등

적용의 주체

나

실천적

- ✔ ___부터 할 수 있는 일
- ✔ ___ 할 수 있는 일
- ✔ 나의 주변에 영향을 미칠 수 있는 일

개인적

- ✔ 나의 생각
- ✔ 나의 ____
- ✔ 나의 삶에 적용
- ✔ 나의 모든 ____

3. 적용을 위한 마지막 두 가지 질문

(안전장치)

1. 이 적용이 하나님을 높이는가? (예/ 아니오)
2. 이 적용이 본문의 가르침 및 목적과 일치하는가? (예/ 아니오)

적용 연습 1

이제 다시 시작입니다

여호수아 1:1-9

1 여호와의 종 모세가 죽은 후에 여호와께서 모세의 수종자 눈의
아들 여호수아에게 말씀하여 이르시되 2 내 종 모세가 죽었으니
이제 너는 이 모든 백성과 더불어 일어나 이 요단을 건너 내가 그
들 곧 이스라엘 자손에게 주는 그 땅으로 가라 3 내가 모세에게
말한 바와 같이 너희 발바닥으로 밟는 곳은 모두 내가 너희에게
주었노니 4 곧 광야와 이 레바논에서부터 큰 강 곧 유브라데 강까
지 헷 족속의 온 땅과 또 해 지는 쪽 대해까지 너희의 영토가 되리
라 5 네 평생에 너를 능히 대적할 자가 없으리니 내가 모세와 함께
있었던 것 같이 너와 함께 있을 것임이니라 내가 너를 떠나지 아
니하며 버리지 아니하리니 6 강하고 담대하라 너는 내가 그들의
조상에게 맹세하여 그들에게 주리라 한 땅을 이 백성에게 차지하
게 하리라 7 오직 강하고 극히 담대하여 나의 종 모세가 네게 명
령한 그 율법을 다 지켜 행하고 우로나 좌로나 치우치지 말라 그
리하면 어디로 가든지 형통하리니 8 이 율법책을 네 입에서 떠나
지 말게 하며 주야로 그것을 묵상하여 그 안에 기록된 대로 다 지
켜 행하라 그리하면 네 길이 평탄하게 될 것이며 네가 형통하리
라 9 내가 네게 명령한 것이 아니냐 강하고 담대하라 두려워하지
말며 놀라지 말라 네가 어디로 가든지 네 하나님 여호와가 너와
함께 하느니라 하시니라

새찬송가 347장

1 허락하신 새 땅에 들어가려면 맘에 준비 다하여 힘써 일하세
2 시험 환난 당해도 낙심 말고서 맘에 걱정 버리고 힘써 일하세
3 앞서 가신 예수님 바라보면서 모두 맘을 합하여 힘써 일하세
4 일할 곳이 아직도 많이 있으니 담대하게 나가서 힘써 일하세
[후렴] 여호수아 본받아 앞으로 가세 우리 거할 처소는 주님 품 일세

위기에 빠진 이스라엘 백성을 위해 하나님은 무엇을 하십니까?(1b)

하나님이 명령하실 때마다 반드시 주시는 것은 무엇입니까?(7-9)

여호와의 종(1) 신명기 마지막에서도 모세를 이렇게 소개한다(신 34:5). 여호수아 역시 여호와의 뜻을 이룬 삶을 마치는 순간에 여호와의 종으로 불린다(수 24:29; 삿 2:8).

적용의 원칙과 범위

구체적

- ✔ 나의 가정
- ✔ 나의 교회
- ✔ 나의 직장
- ✔ 조국
- ✔ 내가 도울 수 있는 이웃(선교사)
- ✔ 내가 오늘 만나는 사람 등

적용의 주체

나

실천적

- ✔ ___부터 할 수 있는 일
- ✔ ___ 할 수 있는 일
- ✔ 나의 주변에 영향을 미칠 수 있는 일

개인적

- ✔ 나의 생각
- ✔ 나의 ____
- ✔ 나의 삶에 적용
- ✔ 나의 모든 ____

위의 원칙과 범위를 토대로 말씀을 내 삶에 적용해 보세요.

적용을 위한 마지막 두 가지 질문 (안전장치)

1. 이 적용이 하나님을 높이는가? (예/ 아니오)
2. 이 적용이 본문의 가르침 및 목적과 일치하는가? (예/ 아니오)

적용 연습 2

거짓 율법 교사에 대한 경고

디모데전서 1:3-11

3 내가 마게도냐로 갈 때에 너를 권하여 에베소에 머물라 한 것은
어떤 사람들을 명하여 다른 교훈을 가르치지 말며 4 신화와 끝없
는 족보에 몰두하지 말게 하려 함이라 이런 것은 믿음 안에 있는
하나님의 경륜을 이룸보다 도리어 변론을 내는 것이라 5 이 교훈
의 목적은 청결한 마음과 선한 양심과 거짓이 없는 믿음에서 나
오는 사랑이거늘 6 사람들이 이에서 벗어나 헛된 말에 빠져 7 율
법의 선생이 되려 하나 자기가 말하는 것이나 자기가 확증하는
것도 깨닫지 못하는도다 8 그러나 율법은 사람이 그것을 적법하
게만 쓰면 선한 것임을 우리는 아노라 9 알 것은 이것이니 율법은
옳은 사람을 위하여 세운 것이 아니요 오직 불법한 자와 복종하
지 아니하는 자와 경건하지 아니한 자와 죄인과 거룩하지 아니한
자와 망령된 자와 아버지를 죽이는 자와 어머니를 죽이는 자와
살인하는 자며 10 음행하는 자와 남색하는 자와 인신 매매를 하
는 자와 거짓말하는 자와 거짓맹세하는 자와 기타 바른 교훈을
거스르는 자를 위함이니 11 이 교훈은 내게 맡기신 바 복되신 하
나님의 영광의 복음을 따름이니라

새찬송가 11장

1 홀로 한 분 하나님께 천하만민 경배하라 만국왕을 다스리고 온 세상 만민 기르신다 만국왕을 다스리고 온 세상 만민 기르신다 2 독생 성자 예수님께 모든 죄인 회개하라 세상 만민 구원하고 놀라운 은혜 베푸신다 세상 만민 구원하고 놀라운 은혜 베푸신다 3 보혜사 성령님께 모든 삶을 맡기어라 말씀으로 도우시고 죄악을 이길 힘 주신다 말씀으로 도우시고 죄악을 이길 힘주신다 아멘

하나님의 말씀이 주는 교훈은 무엇인가요? (5)

교훈에서 벗어난 '헛된 말'에 빠진 사람들이 추구하는 것들을 모두 찾아보세요. (3, 4)

신화(4) 허탄한 이야기, 잡담의 의미이다. 족보의 특정 인물을 선택하여 필요 이상의 가 공을 통해 꾸며낸 이야기인 듯하다.

적용의 원칙과 범위

구체적

- ✔ 나의 가정
- ✔ 나의 교회
- ✔ 나의 직장
- ✔ 조국
- ✔ 내가 도울 수 있는 이웃(선교사)
- ✔ 내가 오늘 만나는 사람 등

적용의 주체

나

실천적

- ✔ ___부터 할 수 있는 일
- ✔ ___ 할 수 있는 일
- ✔ 나의 주변에 영향을 미칠 수 있는 일

개인적

- ✔ 나의 생각
- ✔ 나의 ____
- ✔ 나의 삶에 적용
- ✔ 나의 모든 ____

위의 원칙과 범위를 토대로 말씀을 내 삶에 적용해 보세요.

적용을 위한 마지막 두 가지 질문 (안전장치)

1. 이 적용이 하나님을 높이는가? (예/ 아니오)
2. 이 적용이 본문의 가르침 및 목적과 일치하는가? (예/ 아니오)

5. 실천과 나눔

1) 실천과 나눔의 3요소

① 마무리 기도 - 적용한 것을 살아내기 위한 기도

② 실천 – 기록과 메모를 하면서 실천함

③ 나눔 - 공동체에서 나눔

큐티집을 통해 묵상하면, 실천한 내용을 정리하고 확인하기 편해집니다. 그리고 이것이 나의 묵상의 기록들이 됩니다.

2) 적용의 3대 원칙

– 더 풍성해집니다.
– 더 많이 배울 수 있습니다.
– 내가 보지 못한 부분을 볼 수 있습니다.
– 내가 잘못 본 부분을 교정할 수 있습니다.
– 나눈 모든 것이 그 사람을 향한 기도내용(제목)이 됩니다.

3) 나눔의 대원칙

1. 나눔의 내용을 소그룹 밖에서 절대 말하지 않는다!
2. 불평보다는 ______ , ______ , ______ 를 우선적으로 한다.
3. 전체 시간과 상황을 고려하여 나눔을 ______ 하지 않는다.
4. 내 이야기뿐 아니라 타인의 나눔 시간에 진지하게 ______ 한다.
5. ______ 하는 마음으로 나누고 듣는다.

4) 어떻게 나누나요?

① 묵상한 말씀을 ______ 하는 삶

묵상한 말씀을 실제의 삶 속에서 기억하며 사는 것입니다. 큐티 시간에만 묵상했을 뿐, 삶의 현장에서 기억해내지 못한다면, 묵상하는 삶을 산다고 할 수 없습니다. 은혜의 말씀을 마음에 품고 기억할 수 있어야 합니다.

② 기억을 넘어 ______ 를 이끌어내는 삶

묵상한 말씀을 기억하고, 삶속에서 계속해서 적용해 나가는 것, 내 삶을 말씀으로 변화시켜 나가는 과정이 필요합니다. 적용이 삶의 변화로 이어지지 않는다면, 오히려 큐티가 부담으로 다가올 수도 있습니다.

③ ______ 을 나누는 삶

하나님의 말씀을 묵상하고, 받은 은혜로 변화된 나의 삶을 나누는 공동체가 필요합니다. 이런 나눔을 통해 형제를 위한 기도와 내가 변해야 할 소망을 따라 자연스럽게 기도제목이 나눠집니다. 그리고 더욱 은혜가 풍성해집니다.

> 말씀에 잘 순종하기 위해서는 반드시 적용을 위한 계획을 세워야 한다. 그렇지 않으면 결코 주신 말씀을 제대로 실천하지 못한다. 대개 묵상의 감동은 '전도하라', '봉사하라'는 식으로 포괄적이라 생각될 만큼 넓게 말씀하신다. 그렇게 하시는 말씀에 반드시 구체적으로 적용계획을 세워야 한다. 누구에게, 어떻게, 언제 등으로 말이다. 실천의 계획은 말씀을 현장에 적용 가능하게 만들어내는 것이다. 그러나 이를 구체화하지도 않으면 큐티가 아직 마무리가 되지 않았다는 사실을 알아야 한다.
>
> 류익태, 『큐티 뿌리내리기』

큐티 해보기
(큐티의 예)

이제 다시 시작입니다

여호수아 1:1–9

명령: 건너가라

1 여호와의 종 모세가 죽은 후에 여호와께서 모세의 수종자 눈의
아들 여호수아에게 말씀하여 이르시되 2 내 종 모세가 죽었으니
이제 너는 이 모든 백성과 더불어 일어나 이 요단을 건너 내가 그
들 곧 이스라엘 자손에게 주는 그 땅으로 가라 3 내가 모세에게
말한 바와 같이 너희 발바닥으로 밟는 곳은 모두 내가 너희에게
주었노니 4 곧 광야와 이 레바논에서부터 큰 강 곧 유브라데 강까
지 헷 족속의 온 땅과 또 해 지는 쪽 대해까지 너희의 영토가 되리
라 5 네 평생에 너를 능히 대적할 자가 없으리니 내가 모세와 함께
있었던 것 같이 너와 함께 있을 것임이니라 내가 너를 떠나지 아
니하며 버리지 아니하리니 6 강하고 담대하라 너는 내가 그들의
조상에게 맹세하여 그들에게 주리라 한 땅을 이 백성에게 차지하
게 하리라 7 오직 강하고 극히 담대하여 나의 종 모세가 네게 명
령한 그 율법을 다 지켜 행하고 우로나 좌로나 치우치지 말라 그
리하면 어디로 가든지 형통하리니 8 이 율법책을 네 입에서 떠나
지 말게 하며 주야로 그것을 묵상하여 그 안에 기록된 대로 다 지
켜 행하라 그리하면 네 길이 평탄하게 될 것이며 네가 형통하리
라 9 내가 네게 명령한 것이 아니냐 강하고 담대하라 두려워하지
말며 놀라지 말라 네가 어디로 가든지 네 하나님 여호와가 너와
함께 하느니라 하시니라

새찬송가 347장

1 허락하신 새 땅에 들어가려면 맘에 준비 다하여 힘써 일하세
2 시험 환난 당해도 낙심 말고서 맘에 걱정 버리고 힘써 일하세
3 앞서 가신 예수님 바라보면서 모두 맘을 합하여 힘써 일하세
4 일할 곳이 아직도 많이 있으니 담대하게 나가서 힘써 일하세
[후렴] 여호수아 본받아 앞으로 가세 우리 거할 처소는 주님 품일세

위기에 빠진 이스라엘 백성을 위해 하나님은 무엇을 하십니까?(1b)

하나님이 명령하실 때마다 반드시 주시는 것은 무엇입니까?(7–9)

여호와의 종(1) 신명기 마지막에서도 모세를 이렇게 소개한다(신 34:5). 여호수아 역시 여호와의 뜻을 이룬 삶을 마치는 순간에 여호와의 종으로 불린다(수 24:29; 삿 2:8).

어려울 때, 위대하신 하나님의 임재를 느껴보셨습니까? 지금 여호수아와 이스라엘 백성들에게 바로 그 일이 일어나고 있습니다.

하나님의 종 모세가 죽은 후에(1-5) 이스라엘에게 청천벽력 같은 일이 벌어졌습니다. 그들에게 목자요 아버지였던 모세가 죽었습니다. 출애굽 후 40년 동안, 그들은 모세가 없는 날을 한 번도 상상한 적이 없습니다. 맥이 풀리고 힘이 빠집니다. '모세 없이 뭘 할 수 있단 말인가?' 답이 없어 보입니다. 일어날 힘이 없습니다. 그런데 바로 그때 청천벽력보다 훨씬 큰 소리 곧 하나님의 음성이 들립니다. 그렇습니다. 모세는 죽었어도 하나님은 살아계십니다. 모세는 죽었어도 모세를 통해 주신 하나님의 약속은 여전히 살아 있습니다. 모세는 함께 갈 수 없지만 하나님은 함께 가십니다. 그 하나님께서 말씀하십니다. "일어나라! 건너라! 가라!" 그리고 약속하십니다. "그 땅을 이미 너희에게 주었노라. 네 평생에 너를 능히 대적할 자가 없으리라. 내가 너와 함께 있으리라." 무엇이 더 필요합니까?

청천벽력 같은 일을 당했을 때, 더 큰 하나님의 음성을 들어보셨습니까? 청천벽력 같은 일을 만났을 때, 하나님의 음성을 사모해 보셨습니까?

강하고 담대하라(6-9) 이제 하나님은 여호수아에게 명령하십니다. "강하고 담대하라!" 그런데 명령 이전에 이미 약속이 있었다는 것을 기억하십니까? "그 땅을 이미 너희에게 주었으니, 너와 함께 하리니, 그러니 강하고 담대하라"고 하십니다. 그리고 명령 후에 또 다시 약속을 주십니다. "강하고 담대하라. 그 땅을 차지하게 하리라."(6) "율법을 다 지켜 행하라"고 명령하시면서 "형통하게 하리라"고 약속하십니다(7). "이 율법 책을 묵상하고 지켜 행하라"고 명령하시면서 "네 길을 평탄하게 하리라"고 약속하십니다(8). 하나님의 명령은 결국 우리를 위한 것입니다. "내가 오늘 네 행복을 위하여 네게 명하는 여호와의 명령과 규례를 지킬 것이 아니냐(신 10:13)" 하나님의 명령은 우리의 행복을 위한 것입니다. 하나님의 명령은 우리를 승리와 영광에 참여시키시려는 하나님의 은혜입니다.

하나님의 명령 속에 담긴, 우리를 향한 하나님의 마음과 존귀한 뜻이 느껴지십니까? 하나님의 명령이 부담스러우셨습니까? 한 번 더 생각해 보세요.

묵상노트

모세가 죽은 후에(1) 모세가 죽었으니 (2) → 모세가 죽었음에도!
오히려 모세가 죽기 기다린 듯한, 새로운 시대의 시작.
-모세가 이루지 못한, 이룰수 없던 사명, '그 땅으로 가라'
조상들에게 주겠다고 약속하신 땅으로 가라는 명령(2)
-명령을 이루기 위한 조건-모세가 명령한 율법을 다 지켜 행하고 우로나 좌로나 치우치지 말 것(7) 율법책을 입에서 떠나지 말게, 묵상, 행할 것(8)
-조건에 따른 약속 -내가 너와 함께 할 것이다(5,9). 임마누엘의 약속.
-조건에 따른 결과 -어디로 가든지 형통할 것이다(4-5, 7, 8). 그러나 '강하고 담대할 것' (6, 9)
-나를 두렵게 하는 것은 무엇인가? 불안하게 하는 것은 무엇인가? 불확실한 미래, 어디서도 도움을 얻을 수 없는 상황. 그러나 말씀을 묵상하고 말씀대로 행할 때 하나님께서 함께하신다는 약속은 여전히 확실.
모세처럼 강력한 후원자가 없어도, 하나님이 함께하심. 막강한 적이 가로막아도, 이루야 할 사명이 거대해 보여도, 두려워하지 말 것
중요한 것은, 말씀을 주야로 묵상할 것, 말씀을 따라 순종할 것

오늘의 기도

- 때를 따라 도우시는 하나님의 음성을 듣게 하소서.
- 새로운 한 해 동안 예배와 묵상을 통해서 하나님의 뜻을 더욱 알게 하소서.
- 날마다, 매 순간 말씀을 읽고 묵상하며 순종하게 하소서.

오늘을 살기

- 세상의 유혹에 흔들리지 말고, 오직 하나님의 말씀을 따라 살자

큐티 해보기
(큐티의 예)

거짓 율법 교사에 대한 경고

디모데전서 1:1-11

바울이 디모데를 에베소에 머물게 한 이유
– 거짓 율법 교사들의 가르침 때문

1 우리 구주 하나님과 우리의 소망이신 그리스도 예수의 명령
을 따라 그리스도 예수의 사도된 바울은 2 믿음 안에서 참 아
들 된 디모데에게 편지하노니 하나님 아버지와 그리스도 예수
우리 주께로부터 은혜와 긍휼과 평강이 네게 있을지어다 3 내
가 마게도냐로 갈 때에 너를 권하여 에베소에 머물라 한 것은
어떤 사람들을 명하여 다른 교훈을 가르치지 말며 4 신화와 끝없
는 족보에 몰두하지 말게 하려 함이라 이런 것은 믿음 안에 있는
하나님의 경륜을 이룸보다 도리어 변론을 내는 것이라 5 이 교훈
의 목적은 청결한 마음과 선한 양심과 거짓이 없는 믿음에서 나
오는 사랑이거늘 6 사람들이 이에서 벗어나 헛된 말에 빠져 7 율
법의 선생이 되려 하나 자기가 말하는 것이나 자기가 확증하는
것도 깨닫지 못하는도다 8 그러나 율법은 사람이 그것을 적법하
게만 쓰면 선한 것임을 우리는 아노라 9 알 것은 이것이니 율법은
옳은 사람을 위하여 세운 것이 아니요 오직 불법한 자와 복종하
지 아니하는 자와 경건하지 아니한 자와 죄인과 거룩하지 아니한
자와 망령된 자와 아버지를 죽이는 자와 어머니를 죽이는 자와
살인하는 자며 10 음행하는 자와 남색하는 자와 인신 매매를 하
는 자와 거짓말하는 자와 거짓맹세하는 자와 기타 바른 교훈을
거스르는 자를 위함이니 11 이 교훈은 내게 맡기신 바 복되신 하
나님의 영광의 복음을 따름이니라

바른 교훈

복음에 근거한
바른 교훈의 목적

율법이 필요한 이유

새찬송가 11장

1 홀로 한 분 하나님께 천하만민 경배하라 만국왕을 다스리고 온 세상 만민 기르신다 만국왕을 다스리고 온 세상 만민 기르신다 2 독생 성자 예수님께 모든 죄인 회개하라 세상 만민 구원하고 놀라운 은혜 베푸신다 세상 만민 구원하고 놀라운 은혜 베푸신다 3 보혜사 성령님께 모든 삶을 맡기어라 말씀으로 도우시고 죄악을 이길 힘 주신다 말씀으로 도우시고 죄악을 이길 힘주신다 아멘

하나님의 말씀이 주는 교훈은 무엇인가요? (5)

교훈에서 벗어난 '헛된 말'에 빠진 사람들이 추구하는 것들을 모두 찾아보세요. (3, 4)

신화(4) 허탄한 이야기, 잡담의 의미이다. 족보의 특정 인물을 선택하여 필요 이상의 가 공을 통해 꾸며낸 이야기인 듯하다.

바울은 디모데에게 인사를 마친 다음, 거짓 교사로부터 비롯되는 "거짓 교훈"에 대해 경고합니다.

사도직의 공적 성격(1-2) 바울과 디모데는 서로를 잘 알고 있는 관계입니다. 그렇다면 1절과 2절에 나타난 것과 같은 격식 있는 표현이 굳이 필요했을까요? 그냥 "디모데야!"라고 부르는 것만으로도 충분하지 않았을까요? 이 편지는 한 개인을 향하지만 그렇다고 사적인 편지는 아닙니다. 온 교회를 염두에 둔 공적인 성격을 가지기도 합니다. 그러므로 두 사람의 사적 관계를 넘어 복음 안에서의 공적 관계를 확인하는 것이 필요했습니다. 바울은 자신의 사도됨이 "우리 구주 하나님과 우리의 소망이신 그리스도 예수의 명령을 따라" 된 것이라고 밝힙니다. 보통 바울은 "하나님의 뜻을 따라"라고 표현하는데, "명령"이라는 단어를 쓰는 것은 매우 드문 일입니다. 이는 어린 디모데에게 복음의 사역이 개인의 취향 차원을 넘어 신적 당위에 속한다는 사실을 명확히 함으로써, 복음을 위해 굳게 설 것을 당부하기 위함입니다. 복음은 우리에게 사적인 차원만 아니라 공적 책임을 가지게 하기도 합니다.

나는 복음이 주는 담대함을 가지고 복음 사역에 임하고 있습니까?

거짓 교훈을 이기는 바른 교훈(3-11) 바울이 디모데를 에베소에 남겨 둔 이유는 에베소 교회 안에 "다른 교훈"을 가르치는 사람들이 있기 때문입니다. 이들은 "율법의 선생"을 자처할 만큼 율법을 잘 알고 있는 사람들입니다. 그러나 율법을 주신 하나님의 목적과는 달리 이들은 "신화와 끝없는 족보"에 몰두하는 사람들입니다. 바울은 이들이 이런 "다른 교훈"을 가르치지 못하게 명하는 임무를 디모데에게 맡겼습니다. 3절의 '명한다'는 말과 5절의 '교훈'(=명령)은 직결되는 단어입니다. 다시 말해서 이 거짓 교사들을 향한 디모데의 명령의 목적은 사랑이라는 것입니다. 그들을 사랑으로 회복시키기 위해 힘써야 합니다. 그러자면 그들을 능가하는 "청결한 마음과 선한 양심과 거짓이 없는 믿음"을 가져야 합니다. 복음의 가르침은 복음에 부합되는 삶과 함께 갈 때 가장 큰 효력을 발휘합니다.

나는 복음에 부합되는 삶으로 복음을 바르게 가르치고 있습니까?

묵상노트

바울 사도가 사도의 권위를 가지고 예수님의 명령을 디모데에 전함. 아들 같은 디모데에게, 사적인 친분이 두터운 디모데에게 공적인 방식으로 이야기함. 예수님의 명령을 따라(1). 바울 사도의 사도직은 예수님께로부터 나왔고 그 권위를 가지고 디모데에게 편지를 씀. 이것은 연소한 디모데에게 복음을 전하고 복음을 지킴에 있어 어떤 것에도 흔들리지 말고 굳세게 전하라는 의미! 예수님은 오늘 나에게 복음을 전함에 있어 담대하길 원하심.

바울 사도가 디모데를 에베소에 보낸 이유는 다른 교훈을 가르치는 사람들 때문(3). 그들은 헛된 것에 몰두하여 사람들을 혼란스럽게 함(4). 다르게 가르치고 신화와 족보에서 권위를 얻으려고 하는 사람들이 있음(4). 바울이 가르치는 교훈의 목적은 하나님을 향한 사랑 그리고 사람을 향한 사랑(5). 그런데 이들은 여기서 벗어나서 헛된 말에 빠져서 율법 선생이 되려함(7). 율법선생을 자처할 만큼 율법을 잘 알고 있지만 하나님께서 율법을 주신 원래의 목적과는 다르게 생각하고 다른 것에 집중함(7). 바울은 율법의 필요성을 언급함과 동시에 한계도 지적(9). 무엇보다 중요한 것은 바른 교훈을 가르치는 것이며, 그 기초는 하나님의 영광의 복음(11). 그런데 이 영광의 복음은 청결한 마음과 선한 양심과 거짓이 없는 믿음에서 나오는 사랑. 복음은 믿음은 삶으로. 복음에 합당한 삶이 복음의 바른 교훈. 나는 복음에 합당한 삶을 살고 있는가? 사랑이 없는 말뿐인 복음, 형식적인 복음의 형태만 보이고 있지 않는가? 복음이 영광스러운 복음이 되도록 삶의 모습에 거짓이 없게 해야 함. 그런 모습을 가지고 복음을 전하고 가르칠 때 다른 교훈이 아닌 하나님의 영광의 복음으로 하나님의 말씀으로 말씀의 권위를 갖는다.

오늘의 기도

- 복음의 능력이 통전적이며 전인적 차원에서 회복되게 하소서.
- [박중민, 허미례 선교사(파라과이)] 겨울성경학교를 잘 준비하게 하소서.
- 말씀을 통해 깨닫는 교훈들에 충실하여 영적으로 성장하는 하루가 되게 하소서

오늘을 살기

- 복음에 합당한 삶으로 하나님의 영광의 복음 전하기

정답 (빈칸 순서대로)

1과

6p 나, 하나님

8p 인격적인 교제, 영적인 양식, 하나님의 뜻, 인도

11p 성경, 기도

2과

14p 말씀

15p 파악, 중심 주제, 묵상

16p 천천히, 인물, 지명, 반복되는 단어, 적당히 끊어가며, 문장 성분, 육하원칙, 단락, 핵심, 전체 핵심내용

3과

24p 오늘 나에게 어떤 의미인지, 의미하는 바, 명료화

4과

32p 구체화하는, 실현

38p 감사, 칭찬, 격려, 독점, 경청, 기도

39p 기억, 변화, 기도제목